JN411889

바람을 안는다

박철언 제6시집

月刊文學 출판부

______________ 님에게

사랑하기에도 짧은 시간들
서로에게 힘이 되고 위로가 되는
따뜻한 동행이 되고자
이 시집을 드립니다.

년 월 일

____

시인 등단 30주년!

고등학교 시절 '청맥' 동아리 활동, 대학 시절 '독일어문학회' 등 문학전공의 교수가 되고 싶었지만, 주변의 권유로 사법시험 검사 대통령비서관 장관 국회의원 등 30여 년 공직생활의 방황, 2000년 드디어 마음의 고향인 문학으로 돌아왔다.

진흙탕 정치의 와중에 정치보복으로 억울한 옥살이 중 쓴 몇 편의 시(詩)가 언론에 보도되자 고(故) 조병화, 박재삼, 권일송, 박태진 시인의 추천으로 졸지에 '시인'이라는 푸른 모자를 쓰게 되었다.

시인은 맑은 영혼 뜨거운 열정으로 시를 쓰고 읽어야 한다는 일념으로, 세속을 떠난 2004년에야 첫 시집 『작은 등불 하나』를 출간했고 이어 2022년까지 5권의 시집을 펴내었다. 독자들의 과분한 사랑을 받았고, 여러 문학대상을 받는 행운도 있었다.

이제 등단 30주년을 기념하여 그동안의 자작시 80편을 모아 여섯번 째 시집 『바람을 안는다』를 세상에 내놓는다.

정리되지 않은 관념의 유희를 일삼거나 화려한 언어의 조약돌을 뿌려, 독자들 머리를 무겁게 하거나 현혹시키지 않으려 했다.

대자연의 신비로움과 삶, 죽음, 만남과 이별에 대한 성찰, 세상살이의 기쁨 슬픔 고단함 아픔 그리움 설렘 안타까움을 '영혼의 울림' 으로 담아, 쉽게 표현하려 애썼다.

독자들에게 다소나마 위로가 되고 공감이 있기를 기대한다.

2024년 7월

선정릉 숲이 내려다보이는 서재에서

青民 박철언

차례

1 바람을 안는다

꽃이 피고 지고 너에게 가고 싶고 2

하늘 3

인생은 변화 4

처절한 시대 순수한 영혼 윤동주! 5

너와 나 6

나의 어머니 7

1
바람을 안는다

바람을 안는다

가벼운 차림으로 봄 산에 오르면
초록초록 푸르름 속에 바람이 안는다

너의 눈동자를 보면서
꽃처럼 너를 안는다

바람이 볼을 부비면
춤을 추고 싶다
이슬비에 젖어드는 교향곡 같은 봄 바람
꽃잎이 흩날려 꽃비가 되니
황홀경이다

내가 너를 피어나게 해야하는 사람이라 생각하니
마음에 바람이 분다
사랑한다는 것은 그냥 좋은 사람이 되고 싶은
바람을 안는 것인가

오늘이 좋아 그래도

고단한 살림살이
숱한 근심 걱정
사랑하는 이들이 떠나가고
영혼마저 갉아 먹는
고통의 오늘이라도

소라 빛 하늘, 한 줄기 바람
빛나는 햇살, 구름과 비
눈 내리는 저녁
별이 반짝이는 밤
아름다운 산천(山川)

새벽 길을 걷고
열성껏 일하고
꽃을 심고 나무를 가꾸고
함께 따스한 차 한 잔 할 수 있는
오늘이 좋아
그래도

쪽방촌 사람들

연일 영하 10도를 기록하는 매운 날씨
10년만에 닥친 한파에 쪽방촌 골방에서는
두꺼운 외투까지 입고 잠자리에 들어도
하얀 입김이 새어나와
뜬 눈으로 날이 새는 밤과 새벽 그 사이
한 사람의 생사를 달리하게도 한다는 것을
인간으로 살아갈 권리마저 빼앗아 갔다

화려한 불빛 뒤로
주름살 짙은 절망과 낙담으로
서러운 겨울과 싸우고 있는 골목 안
혹한의 쪽방촌 사람들은
두려운 어둠 속에서 어서 빨리
봄이 오기만을 기다리며
긴 긴 겨울을 견디어 내고 있다

바람의 언덕에서

별이 빛나는 밤이면
당신의 모습이 바람처럼
내 가슴에 안겨 들어요

그리움이 사무칠 때면
당신의 한 조각이 바람의 시(詩)가 되어
나에게 불어와요

석양이 노을지는 바람의 언덕에서
뜨거웠던 추억의
바람에 휩싸여요

바람이여
머물러 주어요 그대로
파란 불꽃을 피우고 싶어요

바람이 잠들면 말하리라

사랑하는 일이 가슴 아픈 일 일지라도
멈출 수 없으리
상처받지 않는 사랑이 어디 있으랴
가을바람 불면 그 바람 온 몸으로 맞고
바람이 잠들면
일어나 가던 길 다시 가리라

계절 바뀌어도 흔들리지 않는다면
언제 흔들려 내공을 쌓으랴
작은 열매가 바람에 흔들,
흔들거리면서 익어 가듯이
내 사랑도 가을바람에 붙들려
후려치는 아픔을 견뎌야 익어가리라

성숙하기 위해서 사랑은 아픈 것인가
가을이 가고 바람이 잠들면
가던 길 다시 가면서 말하리라
이 세상에 아프지 않는 사랑은 없다고

지금 여문 것은
한 때 긴 고통의 강을 건너온 것이라고
바람이 잠들면 말하리라

빗속에 춤춘다

비가 내리고 음악이 흐르면
설레이는 첫사랑의 추억
아련한 얼굴이 찾아오고
그대 손길이 유리창을 쓰다듬는다

빗속으로 사라져 버리는 그대 목소리
젖은 바람으로 달려가도 그대는 멀리 있고
쏟아져 내려오는 그리움인가
그대가 빗발치게 그립다

빗속에서 춤추고 싶다
그대와 함께
젖는 만큼 행복하리라

해변의 석양

낯선 해변에서
석양을 만난다
수평선 너머로
해가 떨어진다
구름도 바람도
바다 멀리로 흘러간다
나도 흘러가고 있다
내일이면
태양은 다시 뜨고
바다는 그대로 푸른데
나는
어디쯤 가고 있을까

산다는 것은 한 줄기 바람이다

산다는 것은 어느날 연기처럼 사라지는 것
갑자기 흔적도 없이 없어지는 것이다
정확한 날짜는 그 누구도 알지 못한다
사람의 생명은 바람이다
손에 아무 것도 들지 않고
몸에는 아무 것도 걸치지 않고
가볍게 왔다가 드디어는
대자연 속으로 사라진다

인간사에 일어나는 주요한 일들은
발자취를 남기려는 몸부림일 뿐
영원을 향한, 명예를 위한, 즐기기 위한, 물질을 위한
강한 욕심일 뿐이다
피로 물들이던 역사의 온갖 전쟁도
유다*의 배반, 브루투스*의 야심
테스*의 실연, 안나카레리나*의 사랑도
그저 연기처럼 사라진 흔적일 뿐이다

누군가가 날마다 인간의 생명을

바람으로 지우는데
어떤 수학공식으로 지우는지
인간은 도무지 알수가 없다
산다는 것은 한 줄기 바람이다

* 유다(Ludas Lakarites) : 예수가 뽑은 12사도 중 한사람.
* 브루투스(BRUTUS) : 카이사르를 암살한 로마공화정 말기의 정치가.
* 테스 : 토마스하디(Tomas Hardy) 작품, 순결한 농촌여성의 사랑이 살인·도주·처형으로 끝남.
* 안나카레리나(Anna Karerina) : 톨스토이 작품, 비극적 사랑의 여주인공.

밤길 걷는다

꽉 막힌 가슴에
무작정 길을 나선다
밝은 눈을 가진 그대가 없으니
아무데도 가지 못하고
밤길을 걷는다

차라리 스산한 바람이
머리를 밝힌다
낙엽을 스치며 비로소
살아있음을 느낀다

발 빠른 행인을 보며
보폭을 넓혀야 심장에 좋다니
뚜벅뚜벅 뒤뚱뒤뚱 걷는다

바람이 맛있다
이승의 끝자락이 행복하다 그래도
밤길 걸어갈 그대가 없으니
습관처럼 쳇바퀴 돈다

간이역

시간은 빠르게 지나간다
전설 속으로 사라지듯
추억만 남기고
얼마나 눈부셨나
어제의 푸른 약속들 모두 사라지고
손 흔들어줄 누군가도
어느 날 홀연히 사라져 버릴지 모르는 간이역
그리고 기억 속에서 희미해진다 해도
우리들 가슴에 남아 가끔씩
그리움을 불러내고
환희를 불러내고
쓸쓸함을 견뎌내며
끝내는 기다림의 끈을 부여잡고 있다

라 콤파르시타(La cumparsita)*

장맛비가 몸을 가누지 못하도록 사정없이 부는 바람
길가에 서 있는 나무들도 반쯤 넘어졌다
일어났다 또 살짝 넘어지려다 바람에 안긴다
도대체 무슨 일이 벌어지려나?

어느듯 장맛비는 몸을 이리저리 비틀면서
La cumparsita를 연주한다
바람은 빗소리에 서서히 젖어 들면서
아르헨티나 탱고를 시작한다
나무들이 얼른 옷매무새를 고치고
그들 특유의 섹시한 스탭을 펼쳐보인다
바람이 나무를 사뿐히 감는다
둘은 음악소리에 모든 걸 맡기고
알 수 없는 언어로 속삭인다
향기 묻어나는 열정이 사방에 퍼지고
환희의 음악소리가 그들을 집어 삼킨다

La cumparsita는 바람과 나무를 마구 휘젓고
이들이 견딜 수 없는 사랑에 취하면

음악이 된 장맛비는 바람과 나무를 냉정하게 갈라 놓는다
나무는 몸을 바로 세우고 바람을 비킨다
바람은 고통의 소리를 토하면서 물러난다

멜로디가 바뀌면 둘은 다시 하나가 되어
떨어졌다 당겼다 밀었다 현란한 동작을 뿌린다
장맛비 소리는 바람과 나무의 동작을 조였다 풀었다 한다
자연속에 음악이 있고 춤이 있고
생각이 있고 우리의 삶이 있다

* La cumparsita : 1916년 우루과이 음악가 마토스 로드리게스가 작곡한 〈탱고〉.

빈집

외딴 골목 끝 인기척 없는 집
언제부터인가 아이들 웃음소리 담장 넘는 일 없더니
널따란 스티로폼 상자 안에
깨진 플라스틱 화분에
상추며 고추모종 키워내던 흙이 딱딱하게 굳어있다
지금은 아무도 살지 않는 그곳에는
어쩔 수 없이 체념하고
받아들이며 살아가던 눈물겨운 삶
다시는 재현될 수 없는 풍경들
빈집엔 잡초만 무성하고 감나무 이파리만 홀로 생기 있다

언젠가 쓸모 있을까 널브러진 타이어 하나
슬레이트 몇 장과 함께
도무지 어울리지 않는 낡은 기타는
집 없는 고양이들의 장난감이 되었다
쓰레기봉투며 박카스 병 실어 나를 때
관절로 고생하던 노인의 든든한 버팀목이 되어 주던
고장 난 빛바랜 유모차도
불안정한 바퀴가 오늘따라 유난히 쓸쓸해 보인다

가끔씩 볕살만 푸짐하게 툇마루에서 졸린 눈 비비곤 하더니
오늘은 무심한 바람만이 잠시 다녀갈 뿐이다

2

꽃이 피고 지고 너에게 가고 싶고

꽃이 피고 지고 너에게 가고 싶고

고결하던 목련이 쉬이 사그라지고
라일락이 향기를 새롭게 뿜어 낸다
화사한 벚꽃이 바람에 꽃비 되어 흩날리고
철쭉이 뒤질세라 자태를 뽐내는
자연의 순환이 참 아름답다

꽃이 피고 지니 마음이 아프다
사랑하고 이별하는 것처럼
아름답기 위해서는 눈물이 쌓여야 하는가
눈물을 향기로 피워 낸 한 송이 꽃
봄비처럼 고요히 젖어들 듯
웃으며 네게 가고 싶은 내 마음

아장아장 걸어오는 봄

빈 가지에 고운 바람이 잠을 깨우고
벗은 나무가 물기를 빨아올려
움틀 준비를 한다

밭두렁 냉이는 파릇한 새싹 내밀며
방긋방긋 인사하고
버들강아지 실눈 뜨고
실개천 졸졸졸

닫힌 창가에 부드러운 바람이 감돌고
살랑살랑 피어나는 오후 햇살이
온몸으로 느껴진다
봄은 꽃바람 타고 보슬비 뿌리며
나무와 숲에 봄기운을 불어넣는다

우리 가슴을 설레게 하며
아장아장 걸어오는 봄

밤눈과 정아와 나

눈이 내린다
밤눈이 내린다
깊은 산골 토담집에서
정아를 기다린다

속세의 숱한 굴레를 벗어나
함께 밤을 지새우며
하고 싶은 얘기도 많은데
말을 타고 오기로 한
정아는 기척도 없고
흰 눈만 소리없이 쌓인다

온 천지가
새하얀 눈 세상으로 변하는데
지친 내 영혼은
깊은 고독의 심연에 빠진다

눈이 계속 내리면
정아가 올 수 없을 텐데

깊어가는 밤
흩날리는 밤눈을 보면서
나는 어쩔 수 없이
나 혼자만의 기약을 지워야 한다

두려운 사랑

첫 눈빛이 마주치고
내게 말을 건네는 그대의 입술
떨리는 목소리 어색한 미소에 끌려
나는 그대 숨결을 따라 나서려 했지

오래 길 밖을 서성이다
처음 만난 건 그대였어

첫 만남이어도
서로 먼저 파고든 순간들
가슴으로 들어와 뜨거워진 숨결
명치 끝에 튀어오르는 뜨거움을
난 사랑해

영혼마저 태우는 열기
그 질긴 그리움
그걸 느끼네
그대에게서

숲과 그늘
그 서늘함과 따뜻함
그 속에서 봄을 찾듯
낱말들을 불러모아
나는
'사랑한다 그러나 언젠가는 떠나겠지'

민들레꽃 2

사랑한다는 말
그립다는 말
함부로 하지마라
발 없는 말이 천릿길
다시 가슴에 돌아와 박히면
허공의 메아리 노랗게 피어나고

네 가슴에 꽃 지는 날
메아리도 사라지고
맹세로 알았던
달콤한 말들도 사라지나니
사랑한다는
그립다는 말
다시는 하지 말지니
네가 간 후
공허한 말들만 남아
일어설 수 없는
앉은뱅이 꽃으로 피고

키 작은 꽃 하나
한 때는 그리움으로 피었나니
어느 별빛에 물들어
영영 일어서지 못하고
앉은뱅이 꽃이 되었으니
민들레

인생은 꽃이다

어린 시절 라일락 향기 그윽한 봄날
백합이랑 기린초랑 주고 받으며
바이올렛처럼 변치 않는 사랑을 얘기한다

목련꽃 그늘 아래 아네모네꽃 안고
슬픈 사연의 편지를 쓰면서
이룰 수 없는 사랑에 안타까워한다

붉은 장미꽃 다발 바치며
맨드라미같이 타오르는 사랑으로
카라처럼 천년의 사랑을 다짐한다

보리수나무 아래
활짝 핀 로즈마리 향기에 취해
사랑의 절정과 행복을 누린다

앙상한 겨울 산길, 지친 영혼은
소나무에 핀 눈꽃을 바라보며
영롱하게 빛나는 에델바이스의 순정에

위로를 받는다

나이 들면
목화꽃처럼 갯버들처럼 달맞이꽃같이
포근하고 말없는
어머니 사랑을 추억한다

인생은 꽃이다

6월의 초록 편지

짙푸른 하늘 아래
아카시아 꽃향기 가득한
싱그러운 6월의 언덕

보리가 익어가는 밭 언저리에
양귀비 꽃이 곱게 피고
울타리 넝쿨장미, 수국
이팝나무 산딸나무 조팝나무가
말을 건네온다

축복 같은 햇살이 더해지고
감미로운 비가 내리면
떠나간 그대
금낭화 같은 그대를
그리워하는 아픔은 깊어만 간다

물소리 새소리 들으며
미소짓는 바람 속에
보고싶은 마음을 담아
초록편지를 적고 싶다

9월의 꿈

시리도록 파란 하늘 아래
새하얀 구절초꽃, 하늘하늘 코스모스
귀뚜라미 노래가 정겨운
9월에는

답답한 가슴, 지친 마음은 떨쳐 버리고
들판으로 강변으로 산으로 가자
쏟아지는 별빛과 풀벌레들의 언어들
한적한 거리, 묘한 설레임으로
사랑하기에 너무 좋은 9월이다

황갈색으로 변해가려는 잎새들
흩날리기 시작하는 나뭇잎
이 가을에는 떠나지 말게 하시고
사랑이 더 깊어지게 하시며
마음껏 펼쳐지는 꿈이 있게 하소서

가슴속에 새기는 사랑

어느 따스한 봄날
꿈 같은 사랑이
찾아 왔습니다

그는 내게
참으로 아름답고 힘든 존재였습니다
오늘도 나는
그가 내게 어떤 느낌을 보냈는지
더듬어 봅니다

허전한 마음으로
가까이 좀 더 가까이
내 사랑을 전하려 했습니다

온 몸을 다하여 사랑했지만
채워지지 않는 갈증을 느낍니다
다가갈수록 외로워집니다

진하고도 깊은 사랑이

내 가슴 속에 있는 줄 몰랐습니다

사랑은 내 가슴을 비워
그의 가슴을 채워주어야 하는 것을

평안하게 서로를 바라보며
위안이 되어주어야 하는 것을

그리고 사랑은 가슴속에 새겨야 하는 것을
이제야 조금은 알 것 같습니다

산책과 명상

아침 산책은 즐겁다
걸으면서 명상을 한다
어제를 반추하고 오늘과 내일을 구상한다

세속적인 것에 익숙한 나는
이렇게 살면 안되는데 하면서도
세속의 파도에 허덕인다
그러면서 불현듯
내 삶의 제자리를 찾아 본다

내 마음 깊은 곳의 나와 마주하여
내자리를 찾기 시작한다
명상은 생각의 눈을 감고
깨달음을 얻는 것이다

깨달음은 외부에서가 아니라
올곧은 생활 속에서 찾아야 한다
단단한 믿음을 세워야 세파를 헤쳐 갈 수있다
관조와 명상 속에서만이 세상의 속도에
휘말리는 나를 구원할 수 있다

겨울 바다

썰렁한 겨울 바다에 선다
여름의 열정과 혼탁함
황폐해진 영혼을
해맑은 파도로 씻어내고 싶다

지는 태양이 붉게 물들이는
허무의 눈물은 얼음이 되고
다시 칭얼대는 파도가 된다
부질없는 생각과 슬픈 고독까지도
삼켜버리는 겨울 바다

매운 칼바람이 가슴 속을 파고 든다
멀리서 밀려와 산산이 부서지는 아픔
울부짖는 파도소리에 내 슬픔은 감추어진다
파도와 갈매기의 아름다운 이중창
연인들 웃음소리에 끼룩끼룩 화답하는 갈매기
네가 보고싶어 무작정 달려왔다

지나온 세월은 잊어가며 살라고 한다

혼자 지내는 시간이 많아지니
자주 지나온 세월을 뒤돌아 보게 된다

친구에게 직선적 충고를 하여
되레 멀어져버린 어리석음
긴세월 바깥 일에 열중하여
가족을 소홀히 한 죄스러움
북방정책을 위해 수십차례
유서를 쓰고 공포의 땅에서
불면의 밤을 보내던 힘든 시간들
원칙을 너무 고집하다가
칼바람에 살을 저미던 괴로움
멀리 살던 연인이 사소한 오해로
영영 떠나가버린 안타까움
거울 속에 변해버린
나를 보는 서글픔

다가오는 소중한 시간들이
지나온 세월에 대한 미련과 아픔은
잊어가며 살라고 한다

3
하늘

하늘

동트는 새벽의 신비로운 하늘
아름다워라

도전의 땀이 배인 뭉게구름과
소라빛 하늘
아름다워라

폭풍우 몰아치는 검푸른 하늘
아름다워라

뉘엿뉘엿 저물어가는 애잔한 하늘
더욱 아름다워라

날아가는 새

날아가는 새를 어찌 가두리
푸른 하늘 자유로이 날아가는
저 어린 새를 어찌 가두리
마음에도 날개가 있음이니
자유란 무한한 것

네 마음대로 하려무나
그 무엇도 날아가는 새를 가두지 못함이라
마음이 새와 같음이
잡지 못하는 새와 같이
지금

장례식

언젠가 종말이 오고 고단했던 내 영혼이
육신을 떠나는 날
그대는 내 영전에
국화꽃 한 송이 바치며
무거운 표정으로 묵념을 하겠지

마지막 가는길
꼭 찾아와 배웅해 주리라 믿었던 친구가
보이지 않아 서운하겠지만
멀리서 달려온 예기치 않은 사람들 있어
조금은 놀라기도 하겠지

사진을 바라보는 그대 젖은 눈동자
애타는 아쉬움에 차 있고
세상 어디에서도 다시는 만날 수 없다는 절망으로
나직이 부르며 흐느껴 우는 그대 그리움이
이승을
떠나는 옷자락을 붙잡을 수 있을까

마침내
불이 되고, 재가 되고, 흙이 되어
자연으로 돌아갈 몸뚱이지만
지친 영혼만은 자유롭고 평화로운 하늘여행을
마음껏 할 수 있었으면 좋겠다

초여름 단상

산기슭에 낯익은 벤치가 있어 좋은 고향집 아파트
산책길 적적해 나이든 시인 젊은 시인
번개팅하면 해맑은 미소와 아득한 전설 속 대화에
피곤하던 눈길이 금새 밝아온다

3년째 누워 계시는 어머니의 병원 앞마당에는
때 이른 불볕더위에 방금 샤워를 마친 여인처럼
붉은 장미가 요염하다

아흔여덟이신 어머니의 볼을 부비고
가슴으로 안으며 '사랑합니다 감사합니다'
작별인사를 몇 번이나 나누고도
아쉬움에 겨워 손을 흔든다

귀로의 차창 밖 녹청색 산야에 눈길을 주면
어린 모가 넘실거리는 물 고인 논에는
간혹 보이는 농부의 일손이 바쁘기만 하다

6월의 깊은 밤, 강변 불빛서린 안개 속에서

하루를, 남아있는 삶을 생각한다
어디선가 청포도는 익어가고
내 그리움도 깊어만 간다

문득 내 마지막 날 쓰고 싶은 문장 하나 생각해 본다

자연과 일과 사람을
너무나도 사랑한 한 남자
여기 햇살과 바람과 별을 벗 삼아
영원히 잠들다

지금은 그럴 듯하게 느껴지는 내 〈묘비명〉이 될지도 모를…

낮달

하늘에 허옇게 떠 있는 달은 그림이고
그대는 볼 수 없는 저 낮달이네

보고 싶다고 말하면 어느새 보고파지고
그립다 생각하면 자꾸 그리워지는 마음도 거울이네
싸늘한 하늘에는 낮달이 상그랗게 얼었는데
부질없는 하루도 날개를 접지 못하네

그대 멀리 있는 하늘 바라다보면
죽은 낮달만 둥둥 떠다니고 가을만 짙어가네

5월, 행복

산천초목 짙어지는 5월
신록의 숲으로 들어가
잃어버린 나를 만나고 싶다

세계문화유산, 선릉과 정릉 벤치에서
목청 돋우며 지저귀는 새들의 노래 속에
변해버린 내가 옛날을 그리워한다

탐스러운 햇살이 축복을 쏟아내는 5월
내 조용한 숨소리를 느끼며
보고픈 얼굴을 떠올리고 싶다

물거품인 양 스러져가는 별들 아래
아름다움이 꿈처럼 사라진다해도
그리운 모습은 영원히 살아남으리

한없이 풀어지는 찬란한 5월
살아있다는 것만으로도
얼마나 행복한 일인가

찰스강과 평화와 고독

말을 할 필요가 없어서 좋다
들을 말이 없어서 좋다

흰 구름 떠 있는 푸른 하늘
솔솔 바람 속의 여름 햇볕

푸른 강이 눈 앞에
수없이 잔잔한 파문을 내며
가득 차 흐른다

잔디밭 나무그늘 아래 벤치
졸다가 취하다가
신발을 벗고 양말도 벗고

끝내 풀 위에 벌렁 누워 버렸다

하루 세 끼 해결과
빨래와 청소의 단칸방 자취생활
인터넷과 영어와 지하철 타기

아름다운 찰스강과
긴 평화와
깊은 고독

먼 하늘에서

그대가 떠난 시간동안
은하의 밤에 촘촘한 별들로
그리움을 새겨 넣으며
한 순간도 잠들지 않았지

차라리 멀리 있기에
뚜렷해진 공간들
더욱 그대를 알게 된 것은
아직도 잊지 못하는
내 마음의 애틋함이
그대와의 추억을 보내지 않습니다

서늘한 새벽을
허전하게 깨어나
은하수 가운데 종이를 펴
그대가 떠난 하늘에
하얀 편지를 띄웁니다

먼 하늘에 빙그르르

날아가는 한 장의 편지지
그곳에 그리움 두고 옵니다

그대 다시 오시기에
내 곁에 남은 시간을
이제는 비워두려 합니다

8월처럼 살고 싶다

이글거리는 태양 아래
영혼마저 태우는 듯한 열기
8월에는 새롭게 시작하고 싶다

울창한 진초록이 한창인데
애처로운 매미 소리속에
약동하는 푸른 생명체들을 보면서
환희에 젖어 떨리는 가슴으로
8월처럼 살고 싶다

지난날의 추위와 어둠을 덮고
갈등에 일그러진 영혼들을
싱그러운 숲과 침묵의 바다로
세탁하고 싶다

성숙의 가을을 예비하면서
향기로운 땀을 흘리며
일하고 노래하며 뜨겁게 살고 싶다

녹음처럼 그 깊어감이 아름다운
8월에는 가끔씩 소나기가 찾아와
목마른 이들에게 감로수가 되게 하소서

북해도(北海道)의 겨울 산책

거리에 나무에
산에도 강에도
온통 하얀 눈〔雪〕천지
양쪽으로 허리춤까지 쌓인 눈길 따라
마코마나이 공원을 걷는다

일년에 다섯 달이나 눈이 내린다는 북해도
거리마다 가게 앞에
집주변에 쌓인 눈을
치우느라 바쁜 시민들

근면한 사람들에게
하늘은 이토록 많은 눈을
선물하는 것인가
하얀 세상에
춤추는 눈송이 속의 겨울 산책

눈의 천국(天國)
북해도의 아침 산책은

피곤한 길손의 오염된
영혼을 세탁해 준다
오 만족과 기쁨마저
가슴에 피어오르네

세월이 가면

주민등록증을 보이고 처음 지하철 표를 받은 손이 떨리고
문득 서글픈 생각이 들었다던 목소리 듣던 날
기억 속의 그대는 아직 솜털 보송한 복숭앗빛
발그레 상기된 얼굴인데
첫눈을 기다리던 설렘의 날들이
아직도 생생한데
맨드라미 새까만 씨앗 같은 눈빛으로
웃으며 내게 말했었는데

그리운 것들은 이제 아득한 이름이 되었구나
무엇이 어느새
이렇듯 서럽게 헝클어 놓았나
마땅히 부려놓을 곳 없어 조바심하던 마음도
가슴에 깊이 담아둔 채 빗장을 채우고
언젠가 놓아버린 사랑도
깎이고 둥그러진 모양으로 모두 기억되리라
그렇게 또 세월이 가면

4

인생은 변화

봄, 오일장

모진 강풍과 폭설에 더디게 오는 봄
한줌 볕, 산중턱에 뿌리내린 달래
손톱 밑 닳도록 캐낸 밭고랑의 냉이
할머니 손때 묻은 소쿠리에서
서로서로 기대어 졸고 있다

이마의 주름살만큼이나 깊게 패인 세월의 흔적
닷새마다 장거리에 나서는 일
낯익은 얼굴들이 그리워서라며
오늘도 장 모퉁이에 앉아
접혀질 듯 굽은 등을 몇 번이나 일으켜야할까

푸것들 위에 검버섯 피어난 주름진 손
때묻은 정을 덤으로 얹어 팔아도 썰렁한 장마당
볕살 눈부신 장거리 바쁜 발걸음들
허허로운 눈빛으로 바라보는
할머니의 노곤한 하루는 길기만 하다

인생은 변화

살아있는 것은 변화한다
변화는 나의 뜻도
나의 바람도 아니지만

우리는 자연의 일부
생명은 자연의 법칙 속에 존재하고
자연은 시간을 지니고 있다

시간을 가진 자연은
생명을 가진 모든 존재를
시간의 틀 속에 가두어 버렸다

사랑하는 사람이 나를 멀리 하는 것도
믿었던 사람이 등을 돌려도
슬퍼하지도 원망도 하지말자

시간은 늘 변화를 꿈꾼다
나도, 우리도
이것이 우리의 인생이다

봄은 꽃밭인데

봄은 온 세상천지가 꽃밭
산수유, 개나리, 진달래 먼저 인사하더니
어느새 백목련, 철쭉이 눈부시다
산책길 라일락 숨결 드높은데
웃을 때마다 드러나는 하얀 이
먼 산 이팝나무도
발그레 수줍은 그대 두 볼이
들판에 만발한 복사꽃 되어
사방천지 꽃물 든 세상
강가에도 철둑에도 흐드러진 꽃밭
나비 한 마리 없이 활짝 핀 꽃밭에서
나만 홀로 외로움에 떨고 있구나
아 아 만개한 꽃밭에서
이방인이 되어 꽃 구경만 하노라
다시 온 이 봄에

생명의 승리, 4월의 문을 연다

얼어 죽은 땅을 뚫고 나온
새싹과 연푸른 나무들
잔혹한 삶을 이겨낸
가냘픈 목숨들

꽃 잔치 세상, 부서지는 햇살
거리에 가득 차는 사람들
4월은 감동이다

꿈과 희망으로 아름다움을
노래하는 4월이지만
여름열기, 우수수 떨어지는 낙엽들
황량한 겨울이 오면
이루지 못한 꿈의 슬픔에 젖으리

다시 찾아온 찬란한 봄
밤하늘의 별, 감미로운 바람속에
환희의 등불로
생명의 승리
4월의 문을 연다

필멸의 존재

마른 쑥 향기 그득한 포도밭가에서
켜졌다 꺼졌다 하던 고장난 가로등마저
끝내는 가버리고
한적한 철길 옆에 선 나는
떠나는 기차소리 들으며
기차의 꽁무니만 바라보고 있습니다
시간과 함께 떠나간다는 것이 눈물겨운 오늘
약속한 것이 어디 기차 뿐이랴
사랑도 왔다 가기를 깜빡이는 불빛마냥
무엇이든 올 때는 소리 없이 오지만
뒤돌아 가는 길은 연습으로 익힌다는 것을
가랑잎처럼 구겨지며 졸아드는 마음
다 버리고 오던 길 다시 가면서 알았습니다
이 필멸의 존재에게
영원한 것은 아무것도 없다는 것
모든 것은 순간을 장식할 뿐이라고
허브 향기 진동하는 철둑에서
온 것은 언젠가는 떠나가고
간 것은 추억으로 다시 온다는 걸
마른 꽃 대궁의 향기로 터득합니다

유월의 회상

뻐꾸기 울음소리 다정한 유월의 숲에 서면
나뭇잎 사이로 불어오는 바람도 초록바람이고
눈부신 햇살마저도 초록빛으로 넘실대지만
감자꽃 하얗게 피우며
아픔으로 영글어가던 기억은
생애 가장 고단하던 시절의
어머니 얼굴로 일렁입니다
전쟁을 경험한 세대들
고요히 눈감고 역사 속으로 사라져가고
많은 것 변했어도
기억하는 것은 아주 습관이 되어
미처 하지 못한 말들
가슴에 꾹꾹 눌러놓은, 끝내 버리지 못하고
얼마나 더 많은 시간을 견뎌야하는지…

봄을 준비하는 짧은 2월

새해맞이 엊그제인데 벌써 2월
봄을 기다리는 마음 가득 담고
설레는 2월

호수의 얼음이 녹는 소리
매화, 개나리, 산수유 눈 비비는 소리
만물이 잠을 깨어 기지개를 켠다
휑한 겨울나무 앙상한 가지 사이로
찬란한 봄이 돌아 올 준비를 한다

겨울 어둠의 침묵을 끝내고
귓볼 찬 바람소리 떨치고
이제 무엇을 할 것인가

일년중 가장 짧은 달
순식간에 지나가는 2월
분주해진 햇살 속에서
사랑의 싹이 돋아날
봄을 준비해야지

놀라움을 기다리는 변덕쟁이 3월

봄의 전령사 봄까치꽃이 피고
잔설이 녹지않은 바위틈의 물 흐르는 소리

따스한 햇살, 고운 바람
아늑한 흙냄새에 취하다가
불현듯 눈보라에 꽃샘추위가 닥치고
한결같은 것은 아무 것도 없는
변덕쟁이 3월

강추위를 뚫고 연둣빛 새순이 돋아나고
4월의 놀라움을 기다리며
숨 쉬고 있다는 게
걸을 수 있다는 것이
눈물겹도록 감사하고 싶은 3월

민들레꽃

높은 담벽 아래 양지바른 곳에
어느새 민들레꽃 세 송이
얼어붙은 땅 사나운 눈바람 치던 그 자리
가냘픈 줄기에 피어난 노란 꽃잎들
너는 봄을 알리는 전령인가

이른 아침 창문을 열면
아직도 너는 잠에 빠져 있지만
햇살과 함께 진종일 방긋방긋 웃다가
저녁이면 스르르 자취조차 감추니
너는 감옥 풀밭에 사는 봄의 요정인가

이제야 깨달았노라
네게 그렇게 무심했던 것을
꽃이라 생각지도 않았던 것을
솜털되어 떠도는 네 영혼을 귀찮게조차 여겼던 것을

작지만 언제나 태양을 향한 너의 이상
물러서 쉴 줄도 아는 너의 그 멋

최후까지 너의 혼을 심으려는 그 끈질긴 의지

황량한 들판에도 태연히 피는 노란 민들레
너는 이제 따스한 위안을 주는 나의 친구
꿈과 사랑을 이야기하는 나의 길잡이

가을에는 두 손 모아 기도하게 하소서

무성하고 무덥던 여름은 가고
산이며 언덕, 강물이며 곡식이며
가을 햇살에 모든 것이 익어간다
가을 바람에 나무들도 홀로 설 준비를 한다

노을빛 물든 단풍의 계절에
거리에는 낙엽들이 흩날리며 죽어가고
기차역에서 먼 공항에서 이별이 시작된다
준비되지 않은 가슴은 눈물에 젖는데
떠날 사람은 떠나고 남을 사람은 남아야 하는 시간
기다림은 사랑보다 더 깊은 아픔으로 밀려온다

다시 보고 싶은 황홀한 슬픔 같은 풍경들
하이드 파크의 교훈, 자이언 캐년의 여로
워싱턴 죠지타운거리, 보스턴의 찰스 강변 산책길
샌디에고 라홀라 해변의 새벽 길
대관령 용평의 모나파크, 석굴암 가는 꼬불꼬불 단풍길

떠나고 오지 않는 사람 때문에

익어가고 죽어가는 대자연 때문에
살을 저미는 외로움 속에
이 가을에는 방황하지 않게 해 달라고
두 손 모아 기도하게 하소서

낙엽

그는 간다
더 머물다 가도 될 것을
한 철 반짝하더니 말없이 간다

얼마나 짧더냐
눈웃음 한 번 치고 꽃 피우더니
뒤돌아보니 저만치 가 버리고
미사일이더냐 시간아

나무는 다 벗어 버리고
낙엽
곱게 물든 시간을 저미며
홀로 간다

5

처절한 시대 순수한 영혼 윤동주!

처절한 시대 순수한 영혼 윤동주!

만주 명동촌에서 태어나
꿈 많던 젊은이
엄혹한 일제 강점기 광기의 고뇌를
시로 승화, 쉬운 말로 진솔한 감성을 풀어내는
새로운 시 세계를 열었다

잎새에 이는 바람에도 괴로워했던
치열한 시 정신, 모진 풍파 속에서
독립을 갈구, 나락에 빠진 민족을 사랑하며
자신에게 주어진 길을 걸었다
민족의 수난에도 응답없이 침묵만 지키는
신(神)에게 대들기도 하고
"나 아직 여기 호흡이 남아 있소"라고
소리치기도 했다

조선독립과 민족문화 수호를
선동했다는 죄목으로 투옥
그렇게 소망하던 해방을 6개월 앞두고
후쿠오카 형무소에서 생을 마감했다

시 100여 편에 앙상한 뼈만 남은 채
스물일곱의 꽃다운 나이에

하늘과 바람과 별의 시인 윤동주!
처절한 시대에 순수한 영혼을
민족의 제단에 바친 윤동주!
지금도 님은 우리들 가슴에
영원한 꽃으로 피어있습니다

오, 백두(白頭)여!

그리던
그리도 그리워하던
백두(白頭)에의 길
오! 설레이는 가슴

산정(山頂)에 덮인 검은 구름
천둥에 소나기 짙은 안개와 여름 우박
시간은 조여 오고 빛은 멀기만 하다
오! 불가능할 듯한 천지(天池)와의 만남

태고(太古)의 잔설(殘雪)을 비끼고
사슴이끼 만병초 들판을 굽이돌아
드디어 영산(靈山)의 환희
오! 1989년 7월 2일 11시

태양(太陽)이 솟아오른 우주의 모태(母胎)인 듯
유구한 민족의 힘의 원천인 듯
방황하던 나의 영원한 고향인 듯
오! 신비의 거대한 거울 천지(天池)여

마지막 용암마저 토해내게 한 부석 위에
신(神)처럼 둘러선 장군봉 향도봉 백운봉 차일봉 비류봉
송화강 만주벌판으로 달려가는 달문
오! 천지여! 민족이여! 조국이여!

통일의 노래를 목메어 합창한다
그러나 끝내 천지는 답(答)이 없다
40년 넘도록 분단(分斷)과 불신(不信) 적대(敵對)와 대결(對決)
오! 여기 설 자격조차 없는 南과 北이여

화해하자 단합하자
끊어진 혈맥(血脈)을 우리가 잇자
우리 서로 하나가 되는 그 자랑스런 깃발을 높이 쳐들자
오! 동지여! 동지여!

치솟는 웅혼(雄魂)을 달래고 산허리에 모여 앉아
다시 쏟아지는 백두(白頭)의 비를 보며
구운 감자, 산천어, 칠색송어, 사슴고기, 들쭉술, 약초술

아! 장백의 사랑이여!

가문비 분비 자작나무 숲을 뚫고
빗길 속에 달리는 귀로(歸路)
백두폭포 형제폭포 천군바위 압록강
아! 백두산이여! 조국이여! 민족이여! 동지여!
통일이여! 사랑이여!

〈시작노트〉

박철언 전 장관은 1985년부터 1991년까지 6년여 〈남북간의 평화통일을 위한 정상회담 준비를 위한 차관급 비밀 회담〉의 대통령의 전권을 위임받은 남측 수석대표로서, 도합 42차례에 걸쳐 김일성 주석, 허담비서 한시해 대표를 비롯한 북한 측의 요인들을 만나 민족문제를 비밀리에 논의하였다.

상호주의 원칙에 따라 42차례의 접촉 중 20차례는 북측지역에서 열렸고, 짧게는 하루 종일 길게는 3박 4일의 일정으로 진행되었다.

「오, 白頭여!」는 1989년 평양과 백두산 아래 삼지연의 김일성 주석의 별장에서 열렸던 남북비밀회담을 마친 뒤, 조국분단 후 남측요인으로는 최초로 북한 쪽 등산로를 통해 백두산에 오른 후 그 감동을 시로 남긴 것이다.

「오, 白頭여!」의 초고 원고는 북한측 김일성 주석의 특별한 간청에 따라 북한측에서 보관중이고, 김일성 주석은 답례로서 옥(玉)으로 만든 도자기, 찻잔세트 등 선물을 교부하였다.

박목월의 생가에 다녀와서

주인 가고 없는 목월의 생가에는
*구름에 달 가듯이 가는 나그네가
언제 퍼 올리다만 우물가 두레박만
기다랗게 끈을 매단 채 걸려있네

목월은 가고 낯선 나그네만
그림자 밟으며 찾아오니
*송홧가루 날리는 윤사월(閏四月)도 아닌데
*눈 먼 처녀는 어디로 갔는지
장독대에 접시꽃만 노랗게 기다림에 지쳐 있네

고요가 깃든 목월의 생가에
멀리서 온 나그네
방명록에 이름 하나 남기지 않고
흔적없이 가버리네
바람처럼

* 은 박목월의 시 「나그네」와 「윤사월」 중에서.

따뜻한 동행을 위한 기도

행복한 시간 후의 귀로에는
두 마음이 겹칩니다
그대 모습 가득 차 설레이는 흐뭇함
그 뒤에 도사린 짙은 그림자

얼떨결 긴장 속 시작이었지만
세월과 함께 찾아 온 편안함
깊은 서운함에 이별을 외치곤 했지만
거역할 수 없이 밀려오는 거대한 파도

지난 세월 가슴 조이며 안타까워하며
숱한 다짐을 진한 눈물을 뿌렸어도
이토록 그대 향한 그리움은
돌이킬 수 없는 운명인가요

이제야 알았습니다
모든 사연들이 다시는 오지 않을
소중한 추억인 것을
아무것도 바라지 않습니다

나에게 그리운 이가 있다는 것만으로도
나는 행복합니다

그대의 뼛속 깊은 고독
하산(下山) 길 고뇌의 모습과 빛깔에
저려오는 가슴
멀리 있어도 언제나 내 가슴 가장 조용한 곳에
깊숙이 앉아 있는 그대
그대를 찬미하고 싶습니다
그대를 기쁘게 해드리고 싶습니다

사랑하기에도 많지 않은 시간들을
가까운 이들이 상처 받지 않고
정말 용케도 오래오래 체온을 나누며
친구로 연인으로 서로 위안이 되는
따뜻한 동행이 되기를 기도합니다

내 삶에 종말이 올 때

내 삶에 종말이 올 때
나는 건강한 육신을 위해 마지막까지
최선을 다했음에 만족하고 싶다

내 삶에 종말이 올 때
긴 세월 나라와 사회를 위해
열정을 다해 일했다는 흐뭇함을 느끼고 싶다

내 삶에 종말이 올 때
가족과 모든 사람들을
따스하게 사랑하려 애썼던 나날에 대해
행복해 하고 싶다

살아온 날들보다 남아 있는 날들이
길지 않은 지금

쏜살같이 달아나는 세월이기에
하루하루 한 시간 한 시간을
소중히 여기고

병마(病魔)와 가난, 불안과 갈등의 현실을
조금이라도 더 나은 세상으로 만들기 위해
더 많은 봉사를 해야 한다
더 많이 웃고
더 많이 사랑해야 한다

그리하여
내 삶의 종말을
아름답게 마무리하고 싶다

신(神)의 역사와 인간과의 관계는

우주의 자연현상을 설명하기 위해 천신(天神)이 등장했다
이어 풍요와 번영을 기원하는 지모신(地母神)과
다신(多神)숭배가 나타난다
그후 '야훼(Yahweh)'라는 유일신을 뿌리로 둔
유대교 기독교 이슬람교가 출현한다

기원전 6세기 이스라엘에서 쫓겨난 유대인은
민족 단결을 위해 유일신 유대교를 만든다
예수의 삶에서 영감을 얻은 기독교는
배타적 금욕주의를 벗어나 세련된 종교가 되어 번창한다
뒤늦게 610년 이슬람교는 예언자 무함마드가
신의 말씀 '쿠란'을 완성시킨다

성경상의 야훼는 전지전능하고 독선적으로 보인다
신이 자신을 선택했다는 선택신학은 배타적 신앙이 아닌가
역병 전쟁 기후위기 같은 멸망의 공포속에서
인간이 자아를 합리화 하기 위해 신을 활용한 게 아닌가

신이 인간을 만들었는가

인간이 신을 만들었는가

어떻든 유한한 인간의 공허함을 달래주고
고통 받는 사람에게 위로를 주는
종교의 가치는 대단하지 않는가

단테의 「신곡(神曲)」을 다시 읽고

하느님께서 창조하신 것이 어찌하여
썩고 부패할 수 있는가
인간의 육신은 변함없이 부활하는 것인가
단테 알리기에리(Dante Alighieri)의 의문은 깊었다

숲속 같은 어둠 속을 방황하던
35세의 단테는
로마 시인 베르길리우스에게 인도되어
지옥의 골짜기를 방문하고
연옥(煉獄)에서 보속(補贖)하는
천태만상 인간들의 죄와 벌을 목격한 다음
구원의 연인 베아트리체의 영접을 받고 천국에 이른다
성 베르나르의 안내로
천상 속에서 삼위일체의 신비를 맛본다

성 토마스 아퀴나스는 인간의 지혜와 판단을
과신해서는 안된다고 충고한다
성 바오로 사도 영혼과의 문답을 통해
인간의 운명과 세상 돌아가는 이치를 깨닫는다

하느님의 위대한 능력을 믿는다

단테의 기쁨은 지상의 인간들에 대한 연민의 정으로 바뀌고
찬미와 탄식이 노래로 흘러 나온다
사랑의 기쁨으로 충만하여
하느님께로 솟아오르는 신비로움과 억제할 수 없는 환희를 느낀다
창조의 신비와 하느님의 위대함을 찬양하는 시를 읊는다

단테는 아홉 살 때 자신의 인생항로를 좌우한
동갑내기 베아트리체를 처음 본 순간
홀로 사랑에 빠진다
그러나 그녀는 25세에 요절하여
하늘나라 천사가 된다
그녀에 대한 사무치는 그리움 속에 드디어 그녀의 안내로
7일 6시간 동안 천국 순례를 마치고 돌아온다
전쟁에 휘말려 추방되어 방랑하며 56세 말년까지 집필에 몰두한다

한 여인 베아트리체에 대한
지고지순한 사랑은
인류 문학사상 불후의 금자탑이라는
「신곡」 하늘나라 이야기를 쓸 수 있게 했다

7월과 이육사

아아!
264!*
청포도와 푸른바다
흰 돛단배와 하이얀 모시수건
낭만파 서정시인이라기 보다는
끼니거리를 걱정하고 잠잘 곳조차
마땅치 않은 채
열 일곱 번이나 투옥 당했던
열렬한 행동파 독립운동가

해방 1년 7개월 앞두고
베이징 형무소에서 39세를 일기로
애절하게 순국하다니!
7월이면
죽는 날까지 조국 독립의 꿈 뿐이었던
그 님이 생각납니다
가슴 아프게!

* 264 : 이육사라는 이름은 대구 형무소 복역시의 수인번호 264에서 따온 것.

일어나라 '세월호'여!

—2014년 4월 16일 세월호 침몰에 즈음하여

우리는 세월(歲月)이라는 거대한 배에 실려 어디론가 떠나가
고 있다
이미 목적지에 다다른 사람도 있고
머나먼 낯선 꿈의 동산으로 향하기도 하지만
언젠가는 모두 이 배에서 내려야만 한다
우리가 타고 가는 이 세월이라는 배는 끝없는 항해 중이며
제각각의 운명에 따라 내리는 지점도 다르다
항해 도중 험한 파도에 엄청난 시련을 겪기도 하지만
꽃동산에서 잠시 쉬다가도 간다
거대한 '세월(歲月)'호에 전부를 맡기고 가는 우리
지금 망망대해에 항해 중이다

진도 앞바다에 침몰한 세월호야 일어나라
꿈을 싣고 떠난 배야
꽃다운 우리 아들딸을 태운 희망의 거선아 일어나
가던 뱃길 다시 가면서 잘못한 어른들 용서하고
비겁하고 정의롭지 못한 그들을 꾸짖어서
다시 힘을 모아 올바른 세상 만들어
멋진 나라 이루도록, 일어나라 세월호야

깊고 시퍼런 바다 아래서 신음하는 세월호 안에는
삼백여 명의 우리 푸른 꿈들이 잠들고 있다
젊은이들이 청운의 꿈을 싣고 가던 길이니라

오호! 세월호여!
산산이 부서진 젊은이들의 꿈을 어쩌라고
그리 누워 말이 없느냐
대한민국이 울먹이고 온세계가 애도하는 이 비극
부끄러운 이 나라, 어른들이 사죄하노니
정직하고 규칙을 지키는 사람이 잘사는 나라
귀한 인명사고가 없는 나라를 너희들이 만들어야지
어서 일어나
다시 힘차게 달리는 세월(歲月)호에 탑승하여
우리 함께 꿈을 이루고, 보다 나은 조국
껍데기만이 아니라 알맹이도 선진국으로 만들자꾸나

카르페 디엠과 메멘토 모리!

로마 시인 호라티우스와
영화 〈죽은 시인의 사회〉에서 존 키팅 교사는
지금 이 순간을 소중히 여기라는 뜻으로
카르페 디엠(Carpe Diem)이라 설파했다
진정한 삶의 목적은 생을 유지하기 위한 일보다는
시와 문학을, 낭만과 사랑을 즐기기 위함이니
현재를 잡아라(Seize the day)라는 것이다

이와 대조적으로 라틴어 메멘토 모리(memento mori)는
큰 성공을 했을 때
자신도 죽는다는 것을 기억하자는 경구(警句)이다
전쟁에서 승리하여 화려한 시가행진으로
군중의 열렬한 환호를 받던 로마의 개선장군들은
나도 언젠가는 죽는다는 사실을 잊지 말자는 다짐을 했다

카르페 디엠과 메멘토 모리!
현재를 소중히 여기고 즐겁게 살자
그러나 오만하지 말고 겸허하게 살아야 한다

10월에는 용서하게 하소서

높푸른 하늘 아래
바싹 바싹 타들어가는
황갈색 단풍을 보면서
10월에는
우리가 헛되이 보낸 시간들을
용서하게 하소서

숲을 흔들다가
내 안에 들어와 나를 흔드는
아름다운 그리움의 바람
외로움에 떨면서
방황했던 우리의 날들을
용서하게 하소서

잘 익은 석류처럼
사랑을 고백하고
상처를 주고 받는
우리의 안타까운 삶을
눈물로 용서하고 싶은
눈부시게 곱고 풍요로운 10월

연평도

너에게로 가는 길이 막막하다

흐리고 눈발이 날리는 날엔 더욱 멀기만 하다

섬마을의 고달픈 삶도

찢어진 꽃게 그물을 꿰매며 지탱했던 이웃과의

투박하고 끈끈한 인정 때문이었는데

평화롭던 어촌마을을 순식간에

깊은 수렁에 빠뜨린 악몽의 순간

부서진 마음들을 부둥켜안고

황망히 떠나오던 그 날

다시 돌아갈 수 있을까

두고 온 세간붙이며 텃밭 작물

주인 잃은 개가 눈에 밟힌다

6
너와 나

너와 나

너는 가끔 나에게 묻는다
'나를 어떻게 생각하느냐' 고
나는 대답하지 않는다
너는 또 '왜 대답이 없느냐' 고 묻는다
나는 그냥 싱긋 웃는다

함께 있을 때
우린 서로 기대고 있다
편하고 따뜻하다

떨어져 있을 때
가끔 너를 생각한다
그리고 미소 짓는다

함께 있어도 떨어져 있어도
외로움의 뿌리는 가시지 않는다
나는 나, 너는 너
그러나 하나인 게 좋지

너를 보내고 돌아오니

너를 보내고 돌아오는 길
어느새
온 동네가 텅 비어 있다

뜨겁던 태양도 식어버리고
나뭇가지를 흔들던 바람도
슬그머니 가 버렸다

너를 보내고 돌아오니
그새 져버린 자귀꽃처럼
모든 것이 다
시들시들해졌다

손 흔들고 뒤돌아서 가던
너를 보내고 와서
나만 혼자 캄캄한 어둠속에 앉아

손톱만큼 남기고 간
네 마음 한자락
부둥켜 안고 있다

작은 등불 하나

그대를 처음 만난 날
밤새 잠을 이룰 수 없었습니다

외로움도 서글픔도 훌훌 털어버리고
온 몸이 푸른 빛이 되어
그대에게 걸어가고 싶습니다

그대도 걸어서 내게로 오시겠습니까?

운명처럼 다가온 그대를
그대의 향기를
내 운명으로 받아드리고 싶습니다
정지되어 멈추어버린 시간에
다시 태엽을 감고 싶습니다

그러나 그대에게 가는 길이
두렵고 떨려서
자꾸만 길이 끊어지고
어둠이 몰려옵니다

어두워지기 전에 내가 그대에게
갈 수 있을까요

그대 나를 위해
아주 작은 등불 하나
켤 수 있는가요?

포도주빛 그대

그대를 한 때
붉은 유리잔 속에 가두어 두었습니다
그대 곁을 떠나려 했던 것은
행여라도 그대의 포로가 되기 싫었기 때문입니다

질기고 매운 여름을 견디고 자라
열정에 얽매이지 않으리라 다짐했지만
포도는 이미 유리잔을 물들이고 있습니다

그 빛이 너무 강렬하여
태연히 날아온 그대를 알아보지 못했지만
이미 나는 눈이 멀어 있었습니다
나무의 뿌리는 가지를 놓아주지 않고
거듭나기 어려운 말들만 우리는 하고 있습니다

그대 마음만 알았더라면
말은 몰랐더라면 얼마나 좋았을까요
이제 유리잔 속에서 그대를 꺼내고
뜨거운 불길로 덮쳐오기 전

빨리 눈을 감습니다

가슴 깊은 곳에서 천둥이 치고
포도주빛 붉은 그대는 강물로 흐릅니다
후회해도 소용없는
그것은
그대를 사랑하는 연습이었습니다

소식

콘크리트 담벽 사이
단단한
여문 돌 틈새로
여린 풀꽃
나다
나다
외치기만 하고
뭐야?
그 다음 하고픈 말
그림 같은 사진
한 장 보내면서
?
?
그려 놓으면
뭐야?
내게 하고픈 말

유월은

자꾸 누군가 보고 싶은 날
그대 일상이 궁금한 날
푸른 유월의 하늘을 이고
차 한 잔 주문하면
오래된 기와집 처마 끝
풍경소리마저 가슴을 때리는데
연잎 차 한 잔 속에
어리는 얼굴
그대는 먼 남국의 초원에서
마시다마는 차 한 잔의 여운을 아는가?
당신도 나도 물드는 유월
그 싱그런 계절을
두려움 없는 시인의
사랑이 진해지고
그리움이 익어가는 계절
유월은

나는 누구인가요?

그대 처음 만나던 날
어색했던 그 미소가 내 마음에 자리 잡으려 할 때
그것은 빈 가슴 탓이라고
나에게 우겼지요

전화기 저편에서 들려오는 그대 목소리
내 마음 서늘하게 했지만
이것은 다정함이라고
나에게 우겼지요

웃음 가득 머금은 한송이 꽃으로 다가와
내 곁에 섰을 때
그대 입김 요란했지만
이것은 열정이라고
나에게 우겼지요

어느 찬비 내리던 날 그대 떨고 있을 때
방향 잃고 우울한 마음에게
이것은 삶의 고통이라고

나에게 우겼지요

거센 파도 타고 오는
외로움에 사로잡혀
낯선 그대에게 눈멀어
나는 나를 잃어버렸네요
나는 누구인가요?

봄비

비가 내린다
봄비
온종일 소리없이
내린다

앙상한 가지에 물이 오르고
촉촉해지는 대지에
흙 내음이 좋다

안개 자욱한 산책길
나무들 사이로 불어오는
달달한 봄바람 향기

겨우내 외로움에 떨던
아픈 가슴에
포근하게 젖어든다

새싹들의
기지개 소리가 들리는
동네 공원 화단에 사륵사륵
종일토록 내리는 봄비

타향에서의 아침식사

먼 타향, 식당에서
혼자 아침을 먹는다
휴일이라 조금은 붐비지만
나는 쓸쓸하다
당신과 처음 만났던 땅이라
더욱 외롭다

사소한 오해가 빌미가 되어
소통조차 하지 않는다
그토록 아름다운 추억들은
자존심과 독선이
무섭게 덮어 버렸다

우리에게 남아 있는 날들이
그리 길지 않다
가을의 따스한 햇살 속에
내가 얼마나 사랑했는지를
바람결에 띄워 보낸다

능소화가 화려한, 아픈 7월

진초록 땅 위에 태양이 타오르고
이육사의 청포도가 생각나는 7월은
나에겐 민족분단의 아픔을 절감하게 합니다

1988년 7월 7일 민족자존과 통일번영을 위한
노태우 대통령의 특별선언*을 뒷받침하여
다음해 7월 2일 대북 비밀특사로 백두산 정상 천지에 올라
북측 대표들과 조국통일을 다짐했던 그 감동!

34년 세월이 지났건만
총부리 겨눈 채, 대결과 적대
갈등은 오히려 깊어만 갑니다

간절히 님을 사모하다 죽었다는 능소화가
화려하게 고개를 드는 7월에는
천지에서의 맹세가
더욱 고통스럽게 다가옵니다

* 대북 포용정책과 공산권과의 수교를 위한 북방정책의 과감

한 추진으로 노태우 대통령 임기 내인 1991년 12월 남북 기본합의서 1992년 2월 남북 비핵화 공동선언을 이루고, 39개 공산국가와 새로 외교관계를 수립하여 전방위 자주 세계 외교시대를 열게 하였음.

강물 위에 쓰인 노래

사랑하는 사람만을 노래했건만
지금 그 사람은 흘러갔다
열정을 다해 불렀던 그 많은 노래들이여
망각의 바다로 흘러가라

집착이 강했던 그대가
말없이 떠나 버리다니
믿음이 없는 사랑은 헛된 몸짓일 뿐이다
강물과 함께 흘러서 사라지고 잊혀지리라

인생은 현재의 연속이다
지금 하고있는 것을 즐기고
성심과 열정을 다하자
현재를, 미래를 노래하자

7
나의 어머니

나의 어머니

어머니!
보내기 싫은 그 마음 들킬까봐
애써 잠든 척 눈 감은 볼에 비벼대고
다시 병상에 누이고 돌아서는 길
차창 밖의 쌓인 눈이 부신 햇살에
얼었다 녹았다 합니다
나무젓가락 같은 당신 손이
내 손을 잡았다 놓았다 하는 것처럼

나도 허허로운 벌판 찬바람과
눈 속에서 벗은 나무로 서 있습니다
무심히 달리는 초고속 기차처럼
어머니의 시간도 저리 빠르게 달리는지
오늘따라 유난히 지친 듯 수척해 보입니다

어머니!
가지 말라고 붙잡았다 놓았다 반복하며
매달리는 당신의 허허로운 눈빛을 뒤로하고
힘없는 손을 놓고 돌아오는 길

부서지는 이 마음 한 자락
나는 철없는 아이처럼 자꾸
어머니, 어머니를 부릅니다

아, 어머니
언젠가 당신이 영영 돌아올 수 없는 먼 길 떠날 때
나 또한 그렇게 당신을 잡았다 놓았다 하면서
보내야 할 것을 생각하면 벌써부터 무너지는 가슴이 됩니다
세상 무엇과도 대신할 수 없는 당신의 그 이름을
오늘도 불러봅니다

어머니, 사랑하는 나의 어머니!

가을밤을 지새운다

피는 꽃, 지는 꽃 다투어 피고 지고
잎이 물들고 잎이 떨어진다
풀벌레 우는 소리, 가을이 오는 소리,
사랑이 오는 소리, 사랑이 가는 소리

말없이 떠난 사람, 보고 싶은 얼굴들
쓸쓸한 거리에서 마주치면 좋겠다
동이 터야 새벽 길 나설 텐데
이 생각 저 생각에
긴 가을밤을 지새운다

얼음바다의 나그네

차갑고 살벌한 얼음바다
신비롭고 황량한 겨울바다

거대한 하늘과 바다
그 사이에 인간이 만든 조그만 등대
무한히 웅대한 만유의 신(神)과 지극히 작은 피조물인가

인간의 도전을 압도하는 자연의 원대한 힘
무한한 우주와 영원한 시간으로 이어지는 거대한 자연
가늠할 수 없는 미지의 것에 대한 경탄과 두려움

왜 인간은 이토록 작고 유한한가
미약한 나의 존재도 결국 무한으로
이어지는 자연의 일부인가
상실감과 무력감으로 방황하는 겨울 나그네

오월의 푸른 밤

어머니
영원히 잠든 백합공원에도
5월의 푸른 밤이 깊어 가겠지요

초여름의 산중턱은 신록으로 물드는데
어머니
당신에게 한 줌의 흙으로 덮어 드리고
피곤에 절은 나는 잠을 이룰 수가 없어요

향나무 상자에 반듯이 누워
고운 꿈꾸 듯 해맑은 얼굴
한평생 인자하신 모습 그대로 두고
먼 길 떠나가신 어머니

얄미운 오월의 장미는
어머니 가신 줄도 모르고
이 밤에도 화려하게 피어나는데
내 가슴에는 어머니만 피어납니다

어머니 영원히 잠든 오월
그 푸른 밤이 깊어가면
내게는 잠이 오지 않아요
어머니 가신 오월의 밤

갈치구이

마른 꽃 한 다발 만큼이나 작아진
쇠잔한 어머니를 안으면
되레 내가 우주에 안기 듯
평안한 어머니의 가슴

아기 손같이 작아진 당신의 손으로 톡, 톡
내 등을 두드리는데 가슴이 쿵쿵 울린다

밥 대신 미음으로 연명하는 어머니를 병실에 두고
한 끼의 식사도 거르지 않는 우리
추억의 식당에서 꾸역꾸역 저녁을 먹다가
밥상위에 반듯하게 놓인 갈치 한 토막에 눈길이 머문다
턱, 가시가 먼저 목에 걸린다

꺼억 꺽, 자꾸 목에 걸리는 당신 때문에
먹는 둥 마는 둥하고 저녁상을 물리고
계단도 없는 거리에서 달빛도 나도 휘청거린다

어머니가 차려 주시던 밥상이 아닌 갈치구이에는

갈치는 없고 서걱이는 모래뿐
마른 꽃다발 같은 당신은 언제쯤 일어나
옛날 그 갈치구이 한 상 차리실는지…

어머니 만나러 가는 길

KTX 타고 고향 가는 길
잠자는 듯 쉬는 듯
나무들 사이 듬성듬성 눈 쌓인 겨울산과 들판을 지나
구순(九旬)을 넘긴지 몇 해인
어머니 만나러 가는 길

언제, 어떤 모습으로 돌아가도
깨끗하게 단장하고 잔잔한 미소로 반기며
무거운 마음 걷히게 하시는 어머니

분홍빛 레이스 속옷 선물에
어린 아이처럼 좋아하시던 모습
세월은 어느 틈에
한 여인의 두근거림을
그리움을 앗아간 것일까?
오랜 세월 버티어 오신 늙으신 몸으로
홀로 생(生)의 무게를, 견디고 계신 어머니

입원중인 병실에서도

자식을 위한 기도로 하루를 보내시는
어머니의 소망은 늘 한가지
오늘은 어머니와 아들 사이
어떤 환한 기억으로 도란도란
행복한 시간을 보낼 수 있을까

아버지

처마 끝에 고드름 길어나고
흰눈이 매서운 언덕을
넘나드는 새벽에도
겨울의 한 가운데 서서
아버지는 나를 부르셨다

손가락 사이로 깨어나는 시린 바람
아련한 꿈이기를 바라던 날
뿌연 어둠만큼이나 눈꺼풀은 무거웠다

전쟁의 끝자락
가난한 사람들이 모여 사는 이웃을 찾아
저들의 슬픔을 위해 살라며
아버지는 그들의 삶만큼이나 치열하셨다

진하게 강하게 최선을 다하며
내 가슴속에 언제나 푸른 꿈이 되려하신
아버지는 불현듯 어느 날
피곤한 날개를 접고 세상을 떠나셨다

빗물에 젖는 아버지의 목소리가
꿈이 되어 다가오는 밤이면
오래도록 소년의 마음이 되어
정든 그 새벽길을 걸어가고 있다

새해, 하루를 여는 마음의 기도

새해에는 무사안일에 빠지지 않고
기대와 설레임으로
하루하루를 시작하게 하소서

운동, 소식(小食)과 적당한 수면으로
이제는 모든 욕심에서 벗어나
건강을 유지하게 도와 주소서

새해에는 때 묻은 영혼을 맑게 다듬고
식어가는 열정을 되살려, 많은 사람들에게
공감과 위로를 주는
좋은 작품을 쓸 수 있는 영감을 주시옵소서

항상 미소를 잃지 않고 세심한 배려로
다른 사람에게 작은 행복감이라도 줄 수 있도록
애쓰게 하소서

새해에는 외로움에 익숙해지고
힘든 고통을 참고 견디며

남의 허물을 감싸줄 수 있는 사랑으로
늘 스스로 부족함을 성찰할 수 있게 하소서

새해에는 하루하루를
보람과 기쁨으로
마감할 수 있게 해 주소서

어머니는 하늘이었습니다

어머니!
노인회 간부로 적십자 봉사단원으로
수십년간, 소년소녀가장 돕기, 쓰레기 줍기, 장애우 지원
양로원과 고아원 방문
힘든 이웃을 보살피시며
아픔을 함께 하셨던 어머니!

긴 병원생활 중에도
머리 위 두 팔로 하트를 그리시며
"사랑합니다, 감사합니다" 라고 화답하시고
"엄마 파이팅" 하며 손가락으로 브이자(V字)를 그리면
미소 띄며 따라하시고
"내가 너무 오래 살아 너희들 고생 시킨다" 고
미안해 하시던 어머니!

의료진에게나 방문객에게나 먹거리를 챙겨 주시고
애용하던 팔찌 목걸이 악세사리를 건네주고
마지막에는 기도로 정이 배인 염주마저 벗어주시고
그냥 빈손으로 떠나신 어머니!

역사의 아픔과 시대의 고난 속에
6형제를 올곧게 키우시고
모진 비바람과 싸우시며 슬기롭고 아름답게
한 세기를 이끌어온 자랑스러운 어머니!

100년 삶의 여정에서
처량한 비, 맵찬 바람, 음울한 구름 속에서도
어디서 숨었다가 나타나는 햇살처럼
내 모든 허물을 덮어 주시고
따뜻하고 환한 얼굴로 나를 꼭 껴안아 주셨던 어머니!

일생을 분별과 봉사로 사랑을 실천하시고
마지막 운명의 날까지 정신을 놓지 않으셨으니
이제 하늘나라에서 하느님의 상(賞)을 받으시어
갈채속에 월계관을 쓰시고
멋지게 산책하고 계실 어머니!

어머니는 빛이었습니다

어머니는 하늘이었습니다
어머니는 이 세상 모든 것이었습니다

* 2016년 5월 15일 향년 101세로 귀천하신 어머니를 기리며.

'성공적인 삶'을 묻는 너에게

바람처럼 구름처럼 물처럼
잠시 왔다가 훌훌 떠나가는 삶
무엇이 성공적인 인생인가?

자주 그리고 많이 웃는 일상(日常)
가까운 사람의 배신을 참아내고
사랑하고 사랑받는 생활

몇 포기 꽃이나 작은 뜰이라도
아름답게 가꾸고
세상을 조금이라도 더
살기 좋은 곳으로 만들고
자기로 인해 단 한사람의 인생이라도
행복해지게 하는 것

그것이 진정한 성공이 아닐까

한 해가 가버리는 12월에는

아쉬움 속에 한 해를 정리하는 연말
별로 내놓을 게 없는 텅빈 가슴
그러나 많이 애쓰고 지쳐가며
여기까지 무사히 걸어온
우리 모두가 대견스럽다

앞만 보고 달려온 동안
세상 사람들에게 소홀하고 무심했던 시간들을
고개 숙여 뒤돌아보자
소박하고 겸손한 마음으로 한 해를 마무리하고
힘겨운 이웃을 위해 사랑을 베풀 준비를 하자

찬바람 하얀 눈꽃송이 피는 12월엔
인생의 무상함을 서글퍼하기 보다는
그대와 나
베풂과 나눔의 작은 나무라도
가슴에 함께 심기로 해요

12월에는

또 한 해가 가버린다고 한탄하기 보다는
욕심을 털어내고
아름다운 저녁 노을처럼 평화로운 만년(晩年)을
행복하게 여길 마음을 지니게 해 주소서

| 연보 |

- 경북 중·고등학교 졸업
- 서울대학교 법과대학, 서울대학교 사법대학원 졸업(법학석사)
- 제8회 사법시험 합격
- 군 복무(1969년~1972년 육군 법무관)
- 미국 조지워싱턴 법과대학원 및 조지타운대학교 수학
  (공법 · 노동법 · 형사실무연구)
- 한양대학교(헌법학 분야) 법학박사
- 미국 펜실베니아주 디킨슨 법과대학교 명예법학 박사학위 취득
- 월간 『순수문학』 등단(1995년)
- 한국문인협회 회원
- 국제PEN한국본부 회원
- 제10회 서포(김만중)문학상 대상, 순수문학작가상, 제19회 순수문학 대상, 제8회 세계문학상 대상, 제19회 영랑(김윤식)문학상 대상, 제12회 시세계문학상 대상, 제1회 한국문학사를빛낸 문인 대상 수상
- 제20회 김소월문학상 본상 수상
- 보국훈장 천수장, 청조근정훈장, 헝가리 십자공로훈장 수훈
- 부산 · 서울지검 검사 및 서울지검 특수부장 검사로 13년간 활동
- 청와대 정무비서관, 법률비서관 역임
- 검사장(법무연수원 연구위원) 역임
- 국가안전기획부 특별보자관 역임
- 북방정책 · 통일정책 수행을 위해 미수교국을 수십 차례 비밀출장
- 대통령 정책보좌관 역임
- 정무장관 역임
- 체육청소년부 장관 역임
- 13 · 14 · 15대 국회의원 역임

- 김영삼 정권의 정치보복으로 투옥
- 일본 도까이 대학 객원교수 역임
- 미국 보스톤 대학 아시아 경영연구소 객원교수 역임
- 건국대학교 언론홍보대학원 석좌교수 역임
- 한반도복지통일재단, (사)대구경북발전포럼 이사장, 변호사
- 독일 막스 프랑크 연구소, 중국 북경대학 초청 특별연설
- 서울대, 고려대, 연세대, 한양대, 경희대, 국민대, 경기대, 경북대, 영남대, 계명대, 전남대, 목포대, 제주대, 장로회 신학대학교 등 전국 수십 개 대학에서 초청 특별강연

- 박사논문
  「언론의 자유와 국가안보의 상충과 조화에 관한 연구」

- 저서
  『변화를 두려워하는 자는 창조할 수 없다』
  『바른 역사를 위한 증언 1, 2』
  『옥중에서 토해내는 한』
  『4077 면회왔습니다』

- 시집
  『작은 등불 하나』
  『따뜻한 동행을 위한 기도』
  『바람이 잠들면 말하리라』
  『산다는 것은 한 줄기 바람이다』
  『오늘이 좋아 그래도』

박철언 시집_ 바람을 안는다

초판 인쇄 | 2024년 7월 5일
초판 발행 | 2024년 7월 10일

지 은 이 | 박철언
발 행 인 | 김호운
주 간 | 김민정

펴낸곳 | 사단법인 한국문인협회 月刊文學 출판부
주소 | 서울시 양천구 목동서로 225 대한민국예술인센터 1017호
전화 | 02-744-8046~7
팩스 | 02-743-5174
이메일 | klwa95@hanmail.net
등록 | 2011년 3월 11일 제2011-000081호
ISBN 978-89-6138-527-5 03810

값 15,000원